글 | 김민경

명지대학교 문예창작학과 대학원을 졸업했습니다. 드라마와 영화 시나리오 작가로 활동하다가,
평소 아이들 교육에 관심이 많아 아이들을 위한 글을 쓰기 시작했습니다. 지금은 동화 작가와 어린이 책을
만드는 편집자로 활동하며, 어린이들에게 유익함과 이야기를 읽는 즐거움을 전하고 있습니다.
쓴 책으로는 〈누가 내 칫솔에 똥 쌌어!〉, 〈아프리카의 푸른 희망 왕가리 마타이〉,
엮은 책으로는 〈피터팬〉 등이 있습니다.

그림 | 배혜영

프리랜서로 활동하고 있으며, 그린 책으로는 〈똘똘이 공작 우화〉, 〈돌리틀 선생의 항해기〉,
〈세상을 잇는 여섯 개의 점〉, 〈벌거벗은 임금님〉 등이 있습니다.

누리 세계문화 24 루마니아 도둑을 잡으러 간 소린

글 김민경 | 그림 배혜영 | 펴낸이 김의진 | 기획편집총괄 박서영 | 편집 정재은 이영민 김한상 | 글 다듬기 박미향 | 디자인 수박나무
제작·영업 도서출판 누리 | 펴낸곳 Yisubook | 주소 경기도 고양시 일산동구 일산로67, 3층 | 고객상담실 080-890-7000
잘못된 책은 바꾸어 드립니다. 이 책에 실린 글이나 그림을 무단으로 복사, 복제, 배포하는 것을 금합니다.
⚠ 1. 사람을 향해 던지거나 떨어뜨리지 마십시오. 2. 고온 다습한 장소나 직사광선이 닿는 장소에는 보관하지 마십시오.

도둑을 잡으러 간 소린

글 김민경 그림 배혜영

어느 새벽, 소린이 자고 있는데
아래층 거실에서 달가닥거리는 소리가 들렸어요.
'누굴까?'
소린은 졸린 눈을 비비며 조심조심 계단을 내려갔어요.
컴컴한 거실에서 불빛이 새어 나왔어요.
"어? 누가 냉장고 문을 열어 놨지?"
그 소리를 듣고 어둠 속에서 검은 망토가 움찔했어요.

소린은 깜짝 놀라 소리를 빽 질렀어요.
"도, 도둑이야! 도둑 잡아라!"
검은 망토는 창문으로 쏜살같이 도망쳤어요.
엄마와 아빠가 현관 앞으로 뛰어나왔어요.
"소린, 도둑이 어디 있니?"
"저쪽으로 사라졌어요."

아침이 되자 아빠와 소린은 창문에 노란 가루가
떨어져 있는 걸 발견했어요.
"도둑이 옥수수 가루를 흘리고 갔구나.
옥수수 가루를 뭐하러 훔쳐 갔을까?"
소린은 아빠 몰래 방망이를 들고
냄새를 잘 맡는 루루와 함께 길을 나섰어요.
옥수수 가루를 따라가 도둑을 잡을 생각이었지요.

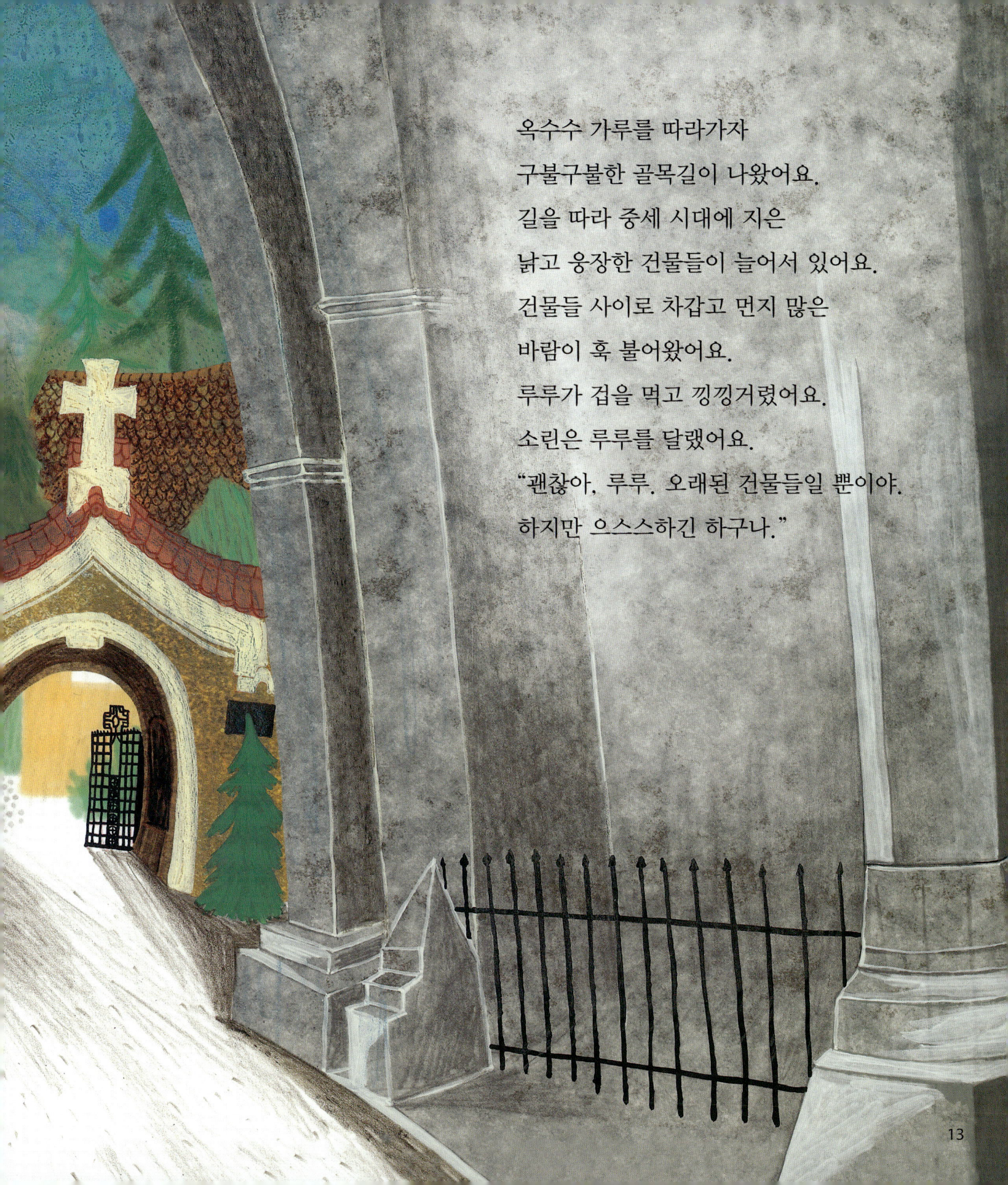

옥수수 가루를 따라가자
구불구불한 골목길이 나왔어요.
길을 따라 중세 시대에 지은
낡고 웅장한 건물들이 늘어서 있어요.
건물들 사이로 차갑고 먼지 많은
바람이 훅 불어왔어요.
루루가 겁을 먹고 낑낑거렸어요.
소린은 루루를 달랬어요.
"괜찮아, 루루. 오래된 건물들일 뿐이야.
하지만 으스스하긴 하구나."

골목길을 지나니 넓은 들판이 보여요.
이제 옥수수 가루는 사라졌어요.
소린은 들판에서 일하는 농부에게 물었어요.
"아저씨, 혹시 검은 망토를 걸친 도둑이
옥수수 가루를 들고 지나가지 않았나요?"
농부는 고개를 갸우뚱하더니 대답했어요.
"글쎄, 검은 망토를 걸친 남자가
저 언덕으로 올라가는 것은 보았단다."

언덕길을 올라가자, 양 떼를 몰고 가는 목동이 보였어요.
"아저씨, 검은 망토를 걸친 도둑을 보지 못했나요?"
목동은 어깨를 으쓱하며 말했어요.
"나는 아침부터 저녁까지 양 떼를 몰고 다니느라 한눈팔 사이가 없어.
양들이 풀을 다 먹으면 자리를 옮겨야 하거든.
하지만 검은 망토를 걸친 남자가
브란 성에 살고 있다고 들은 적이 있어."
'브란 성이라고? 한번 가 볼까?'

소린은 나무가 울창한 산책길을 따라 걸었어요.
코를 벌름거리던 루루가 갑자기 수풀 속으로
뛰어가더니 컹컹 짖었어요.
"루루, 뭘 찾았니? 도둑이 거기 있어?"
수풀 속에서 바스락거리는 소리가 났어요.
소린은 방망이를 들고 살금살금 다가갔어요.
그때 갑자기 뭔가가 튀어나왔어요.
그건 바로 불곰이었어요.
"루루, 가만히 있어. 불곰이야."
소린은 무서웠지만 꼼짝 않고 있었어요.
불곰은 소린에게 다가와 냄새를 킁킁 맡더니
수풀 속으로 돌아가 버렸어요.

불곰은 사라졌지만
소린은 길을 잃어버렸어요.
그때 말발굽 소리가 들렸어요.
소린은 소리가 나는 쪽으로 달려갔어요.
밀짚을 가득 실은 마차가 지나가고 있어요.
"잠깐만요!"
소린은 마차를 모는 할아버지에게 부탁했어요.
"할아버지, 저희를 브란 성까지만 태워 주시겠어요?"
"브란 성? 지나가는 길이니 태워 주마.
오늘은 다들 브란 성에 가는구나."

할아버지는 브란 성 입구에 소린을 내려 주었어요.

소린은 브란 성 안으로 이어지는 돌계단을 조심스럽게 올라갔어요.

성안은 으스스하고 조금 서늘했어요.

계단을 다 오르자 천장이 낮고 넓은 응접실이 나왔어요.

도둑은 어디에도 보이지 않았어요.

소린이 브란 성 안마당 쪽으로 내려왔을 때예요.
거기에는 검은 망토를 걸친 사람들이 넘쳐 났어요.
"아니, 이게 어떻게 된 일이지? 다들 검은 망토잖아?"
그때 누군가 소린을 부르는 소리가 들렸어요.
"소린, 너도 드라큘라 축제에 참가하러 왔니?"
돌아보니 드라큘라 옷을 입은 삼촌이었어요.
루루는 삼촌을 보자마자 달려가 구두를 핥았어요.
삼촌 구두에 옥수수 가루가 묻어 있었거든요.

"하하, 어젯밤에 도둑이야 소리친 게 너구나.
사르말레를 찍어 먹을 옥수수 가루를 가지러 갔다가
네가 소리치는 바람에 그만 창문으로 뛰어나왔지 뭐냐."
"대체 왜 도망친 거예요? 도둑인 줄 알았잖아요."
"또 밤새 노느냐고 잔소리 들을 게 뻔하니까 그렇지."
소린은 기가 막혔지만 도둑이 아니라 다행이에요.
성안에는 집에서 만든 공예품과 인형을 파는 사람들,
전통 옷을 입고 춤을 추는 사람들로 가득했어요.
소린도 음식을 나누어 먹으며 축제를 즐겼지요.

축제가 끝나고 소린은 삼촌과 함께 집으로 돌아왔어요.
삼촌이 범인이었다는 말에
엄마 아빠는 어처구니없다는 듯 웃고 말았어요.
소린은 달빛이 드는 창가에 드라큘라 인형을 내려놓았어요.
"네가 있으면 도둑 따윈 문제없겠지?"
소린은 편안한 마음으로 잠자리에 들었답니다.

여기는 루마니아!

- **정식 명칭** 루마니아
- **위치** 유럽 동남부
- **면적** 약 23만 8천km²
- **수도** 부쿠레슈티
- **인구** 약 2,172만 명
- **언어** 루마니아 어 (헝가리 어와 독일어도 사용)
- **나라꽃** 달리아

포도주
메트로폴리탄 정교회
브란 성
티미쇼아라
금속, 섬유 공장
브라쇼
스키

브라쇼브
루마니아의 도시로 오래된 성과 마을이 잘 보존되어 있어. 드라큘라 백작의 성인 브란 성이 가까이 있지.

루마니아는 동유럽의 흑해 연안에 있는 나라로 몰도바, 우크라이나, 헝가리, 세르비아, 불가리아에 둘러싸여 있어.

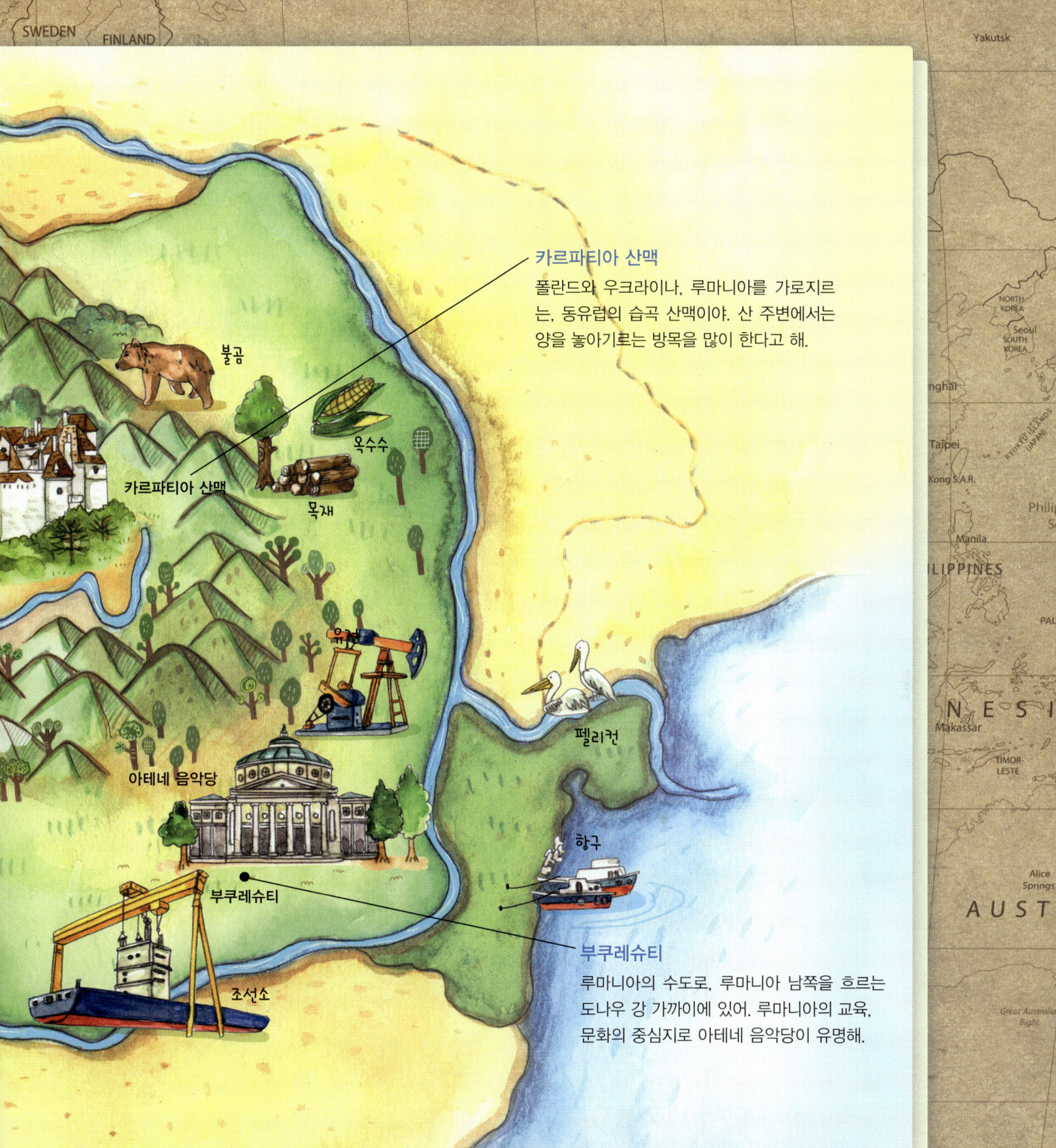

드라큘라는 누구일까?

드라큘라는 루마니아 땅에 세워졌던 왈라키아 왕국의 왕이었어. 원래 이름은 블라드 체페쉬 드라큘라야. 물론 우리가 알고 있는 것처럼 검은 망토를 걸치고 기다랗고 날카로운 송곳니로 사람들의 피를 빨아 먹는 흡혈귀는 아니야. 드라큘라에 대해 알아볼까?

드라큘라 성으로 불리는_브란 성

드라큘라 성으로 불리는 브란 성은 적으로부터 마을을 지키기 위해 만든 요새야. 오래전 루마니아 땅을 넘보는 민족이 많았는데, 왈라키아 왕국이 세워졌을 때는 오스만 제국이 쳐들어왔어. 드라큘라는 오스만 제국으로부터 왕국을 지켜 내는 데 힘을 쏟았지. 그때 포로들을 잔인하게 다뤄서 무서운 존재로 여겨지게 된 거야.

드라큘라 왕이 태어난_시기쇼아라 생가

드라큘라 왕이 태어나 어릴 때까지 살았던 집이 시기쇼아라에 있어. 드라큘라의 아버지는 이 지역을 다스리던 영주였는데, 오스만 제국이 쳐들어와 아들인 어린 드라큘라를 잡아간 적도 있어. 지금 드라큘라 생가는 레스토랑이 되었고, 이 마을에서는 매년 드라큘라 축제가 열려.

오스만 제국을 물리치기 위해 세운_보로네츠 수도원

루마니아 땅에는 왈라키아 왕국 외에도 몰다비아 왕국이 있었어. 몰다비아 왕국의 왕도 드라큘라 왕처럼 오스만 제국의 침입에 맞서 싸웠지. 백성의 마음을 하나로 모으기 위해 수도원을 세우기도 했어. 하지만 두 왕국은 결국 오스만 제국의 지배를 받고 말았어.

이런 게 궁금해요!

루마니아에서는 마을 근처 숲길에 불곰이 살고 있을까? 마을 곳곳에 있는 지붕이 뾰족한 건물은 뭘까? 자연을 지키고 종교 안에서 평화롭게 생활하는 루마니아 사람들의 생활을 들여다보자.

불곰이 살아?

루마니아 땅 가운데에 있는 카르파티아 산맥에는 3천 마리나 되는 불곰이 살고 있어. 루마니아 사람들은 자연을 잘 보존해서 산에 야생 동물이 많지. 루마니아는 펠리컨이 세계에서 가장 많이 사는 나라로도 유명해. 도나우 강 하류는 유네스코가 정한 자연 조류 보호 구역이야.

왜 정교 사원이 많아?

루마니아 사람들은 대부분 루마니아 정교를 믿어. 크리스트교는 가톨릭과 정교로 나뉘었는데, 루마니아 사람들은 정교를 받아들여 더욱 발전시켰지. 사람이 태어나거나 죽을 때와 결혼 같은 중요한 일이 있으면 정교 의식을 치른단다. 곳곳에 크고 작은 사원이 많은데, 루마니아 전통 집처럼 나무로만 만들어진 정교회도 있어.

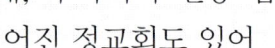

사르말레는 어떤 음식이야?

사르말레는 다진 고기와 쌀을 섞어 소를 만들고 포도 잎이나 양배추 잎으로 싸서 쪄 낸 거야. 생긴 건 우리나라 만두와 비슷한데, 조금 크지. 식초와 소금으로 간을 해서 신맛이 나. 루마니아 사람들은 신맛을 좋아해서 식초를 많이 사용하지. 사르말레는 주로 명절이나 중요한 손님이 올 때 먹는대.

세계에서 두 번째로 큰 건물이 있다고?

루마니아의 수도 부쿠레슈티에 있는 의회 궁전은 세계에서 두 번째로 큰 건물이야. 방이 1,100개나 있지. 루마니아의 지도자였던 니콜라에 차우세스쿠가 공산당 정부 청사로 지었는데, 건축가가 700명이나 참여했다고 해. 하지만 국민들은 나라 살림을 생각하지 않고 무리하게 건물을 짓는 지도자를 별로 좋아하지 않았어.

루마니아 국보 1호는 뭐야?

프라호바 주 시나이아에 있는 펠레슈 성이야. 카롤 1세가 여름 궁전으로 쓰려고 지었지. 방이 170개 있는데 모두 화려하게 꾸며져 있어. 금과 은으로 만든 접시, 멋진 조각들, 스테인드글라스 창문, 가구들까지 호화롭지 않은 것이 없지. 안에 발전소가 있는데, 유럽에서 전기로 불을 밝힌 최초의 성이기도 해.

일러두기
1. 맞춤법, 띄어쓰기는 국립국어원에서 펴낸 〈표준국어대사전〉을 기준으로 삼았습니다.
2. 외국 인명, 지명은 국립국어원의 〈외래어 표기 용례집〉을 따랐습니다.

사진제공
토픽이미지, 유로크레온, 연합뉴스, Gettyimages, Imagekorea, 몽골문화촌

재미있는 누리 세계문화

아시아
- 01 중국 | 황제를 만난 타오
- 02 일본 | 요코의 화과자
- 03 베트남 | 할아버지는 어디 계실까?
- 04 태국 | 무아이타이 고수를 찾아라
- 05 필리핀 | 차코의 소원
- 06 인도네시아 | 엄마와 함께 바롱 댄스를
- 07 몽골 | 게르에서 살까?
- 08 네팔 | 정말 예티일까?
- 09 인도 | 하누만, 소원을 들어주세요
- 10 사우디아라비아 | 지금은 라마단
- 11 터키 | 할아버지의 마법 양탄자

유럽
- 12 영국 | 앨리스와 스펜서 백작
- 13 프랑스 | 소원을 들어주는 빵
- 14 네덜란드 | 여왕님의 생일 선물
- 15 독일 | 우리는 동화 마을 방위대
- 16 스위스 | 납치된 가족은 누구?
- 17 이탈리아 | 가방이 바뀌었어
- 18 그리스 | 주문을 외워 봐
- 19 에스파냐 | 엉뚱 할아버지의 집은 어디?
- 20 스웨덴 | 삐삐와 바이킹 소년
- 21 덴마크 | 레고랜드로 간 삼촌
- 22 러시아 | 나타샤의 꿈
- 23 체코 | 슈퍼맨 마리오네트
- 24 루마니아 | 도둑을 잡으러 간 소린

아메리카
- 25 미국 | 플루토 스팟을 찾아가요
- 26 캐나다 | 퍼레이드가 좋아
- 27 멕시코 | 사라진 태양의 왕국
- 28 쿠바 | 말랭이 영감 다리 나았네
- 29 브라질 | 삼촌의 선물
- 30 페루 | 고마워요, 대장 콘도르
- 31 칠레 | 펭귄을 데려다 주자

아프리카
- 32 이집트 | 파라오의 마음이 궁금해
- 33 나이지리아 | 힘차게 달려라, 나이지리아
- 34 케냐 | 마타타의 신나는 사파리 여행
- 35 남아프리카 공화국 | 루시와 마누는 친구

오세아니아
- 36 오스트레일리아 | 오페라 하우스를 그려 봐
- 37 뉴질랜드 | 하우, 너라면 할 수 있어
- 38 투발루 | 간장 아가씨, 바닷물을 조심해요

주제권
- 39 화폐 | 돈조아 임금님의 퀴즈
- 40 다문화 | 달라도 괜찮아
- 41 옷 | 외계인 빠송 옷 구경 왔네
- 42 신발 | 클로그를 신을까, 바부슈를 신을까?
- 43 음식 | 황금 포크는 내 거야
- 44 스포츠 | 똥아 덕아 운동 좀 하자
- 45 괴물 | 유치원에 괴물이 나타났어요

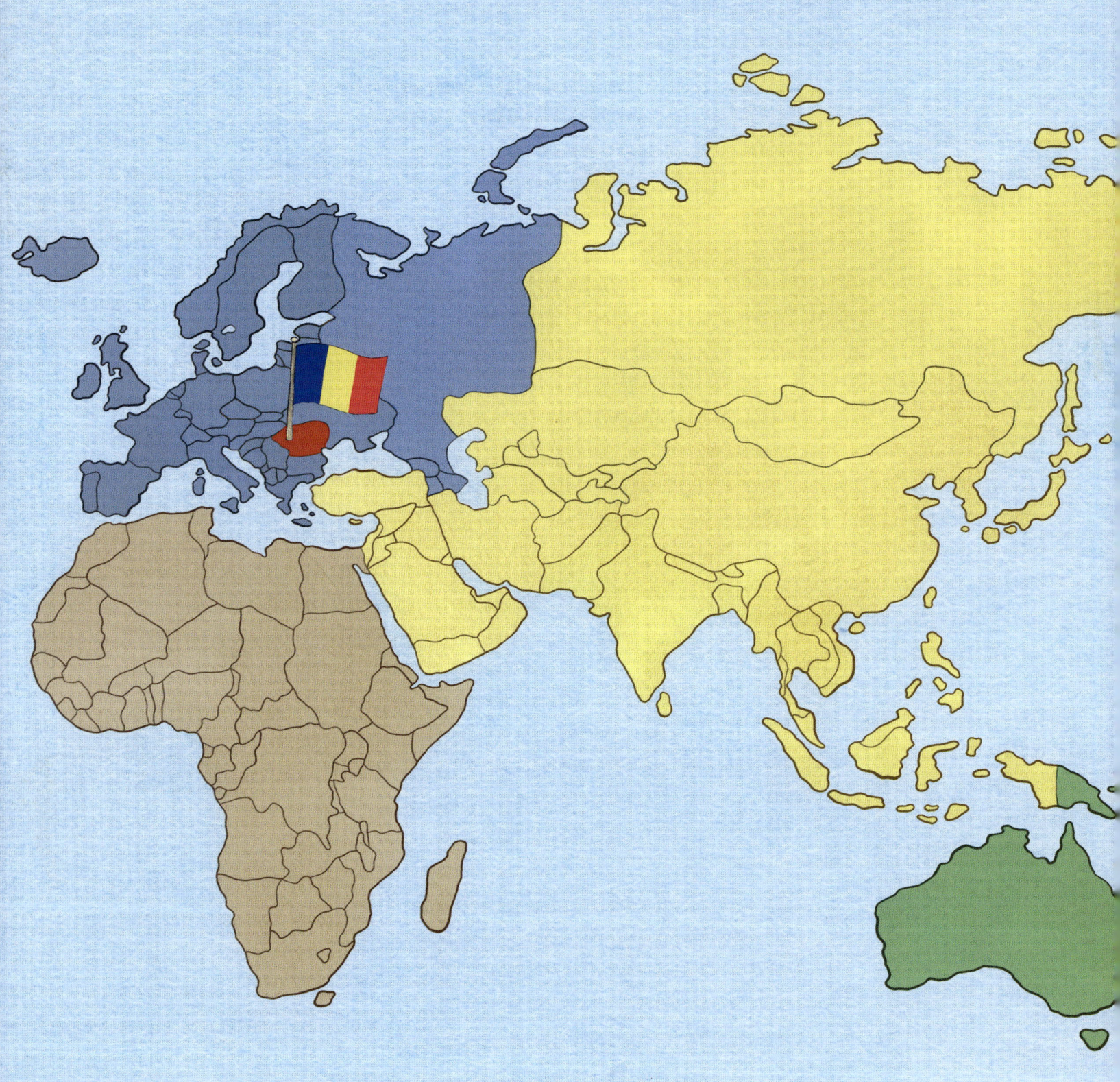